Fondos Indexados

Todo lo que necesitas saber para invertir con éxito

Félix López

ISBN: 9798386234935

Copyright © 2023 Félix López

Todos los derechos reservados.

DEDICATORIA

Querida familia, amigos

Les dedico este libro "Fondos Indexados:todo lo que necesitas saber para invertir con éxito". Cada página de este libro es una muestra del valor y esfuerzo que he puesto en cómo hacer crecer mi dinero de manera inteligente y segura.

Así que, para mi familia, gracias por su apoyo constante. Para mis amigos, espero que este libro les ayude a entender por qué prefiero quedarme en casa leyendo sobre inversiones en lugar de salir de fiesta los fines de semana.

Y para los incansables personas a las que les apasiona, ¡espero que después de leer este libro se conviertan en inversores! Porque no hay nada más gratificante que ver el crecimiento de nuestro patrimonio gracias a nuestras decisiones inteligentes de inversión.

Con cariño y dedicación,

Félix López

INDICE

Agradecimientos	i
¿Qué son los fondos indexados y cómo funcionan?	9
Las ventajas de invertir en fondos indexados	11
¿Por qué los fondos indexados son una buena opción para inversores principiantes?	13
Tipos de fondos indexados disponibles en el mercado	16
Diferencias entre fondos indexados y fondos de gestión activa	18
¿Cuáles son las comisiones asociadas a los fondos indexados?	21
Cómo seleccionar el mejor fondo indexado para tu perfil de inversión	23
Cómo construir una cartera de inversión equilibrada con fondos indexados	27
Las claves para invertir	30

- con éxito en fondos indexados

- Cómo monitorizar y gestionar tu cartera de fondos indexados — 33

- ¿Cómo se comportan los fondos indexados en diferentes escenarios económicos? — 37

- Los riesgos asociados a la inversión en fondos indexados — 40

- Mitos y verdades sobre los fondos indexados — 45

- ¿Cuánto dinero necesitas para empezar a invertir en fondos indexados? — 49

- Cómo invertir en fondos indexados a través de un plan de pensiones — 52

- Cómo utilizar los fondos indexados en tu estrategia de jubilación — 55

- Cómo declarar fiscalmente tus inversiones en fondos indexados — 60

- Dónde encontrar información y recursos útiles sobre fondos indexados — 65

- Conclusiones y recomendaciones para invertir con éxito en un fondo indexado — 71

- Tabla de interés compuesto — 74

¿Qué son los fondos Indexados y por qué deberías invertir en ellos?

¡Bienvenido! Si estás aquí, es porque probablemente estás interesado en invertir tu dinero de manera inteligente y hacer crecer tu patrimonio. Y déjame decirte que los fondos indexados son una de las mejores opciones que existen en el mercado.

Los fondos indexados son una alternativa de inversión que replica el comportamiento de un índice bursátil. Esto significa que si inviertes en un fondo indexado que replica el índice S&P 500, estarás invirtiendo en las mismas empresas que componen ese índice y en la misma proporción en que se encuentran representadas en él.

Una de las grandes ventajas de los fondos indexados es su bajo costo. Como no hay un gestor de fondos que seleccione y monitoree las acciones, los costos son menores en comparación con otros fondos de inversión, como los fondos de gestión activa. Esto significa que el rendimiento del fondo indexado no se ve mermado por comisiones y gastos innecesarios.

Otra ventaja importante es la diversificación. Los fondos indexados invierten en un gran número de empresas, lo que reduce el riesgo de perder dinero debido a la mala gestión o la caída de una sola empresa. Al invertir en un fondo indexado, tu cartera estará compuesta por un gran número de empresas y estarás diversificando tu inversión.

Además, los fondos indexados tienen un rendimiento similar al índice que replican, lo que significa que, a largo plazo, su rendimiento puede superar el de muchos fondos de gestión activa. La razón es simple: la mayoría de los fondos de gestión activa no logran superar el rendimiento del índice bursátil que pretenden superar, mientras que los fondos indexados tienen un rendimiento muy cercano a este.

Otra ventaja de los fondos indexados es la transparencia. Al replicar un índice, la composición de la cartera está disponible al público, lo que permite una mayor transparencia y confianza en la inversión.

Por último, los fondos indexados son una excelente opción para inversores principiantes. Son fáciles de entender, no requieren una gran cantidad de capital para empezar a invertir y requieren poco tiempo y esfuerzo para monitorear.

En resumen, los fondos indexados son una alternativa de inversión económica, diversificada, eficiente y transparente, que puede ayudarte a alcanzar tus objetivos financieros a largo plazo. Espero haberte dado algunas razones por las cuales deberías considerar los fondos indexados como una opción de inversión. En los siguientes capítulos, profundizaremos en los diferentes aspectos de los fondos indexados para que puedas tomar una decisión informada y segura. ¡Vamos por ello!

Las ventajas de invertir en fondos indexados

En este capítulo voy a hablar sobre las ventajas de invertir en fondos indexados. Si estás considerando invertir tu dinero, es importante que conozcas las ventajas que ofrecen los fondos indexados para que puedas tomar una decisión informada.

Invertir en fondos indexados tiene muchas ventajas, como la diversificación, las bajas comisiones, la facilidad de gestión, la transparencia y la rentabilidad a largo plazo. A continuación, voy a profundizar en cada una de estas ventajas para que puedas entender mejor por qué los fondos indexados son una excelente opción de inversión.

1. Diversificación

La diversificación es una de las principales ventajas de invertir en fondos indexados. Al invertir en un fondo indexado, estás comprando una cesta de valores que replica el índice al que sigue el fondo. Por ejemplo, si inviertes en un fondo indexado que sigue el S&P 500, estarás invirtiendo en las 500 empresas que componen el índice. Esto significa que tu inversión está distribuida en una amplia variedad de empresas, lo que reduce el riesgo de pérdida de valor de tu inversión debido a la mala actuación de una sola empresa.

Además, la diversificación también puede ayudar a reducir la volatilidad de tu cartera de inversión. Si tienes una cartera de inversión diversificada, es más probable que tu cartera experimente menos altibajos en el valor, lo que te permite estar más cómodo y seguro en tus decisiones de inversión.

2. Bajas comisiones

Otra gran ventaja de los fondos indexados es que suelen tener comisiones mucho más bajas que los fondos de gestión activa. Los fondos de gestión activa son aquellos en los que un gestor profesional toma decisiones sobre qué acciones comprar y vender en la cartera del fondo. Estos fondos suelen tener comisiones más altas debido a los costos de gestión asociados.

Por otro lado, los fondos indexados simplemente replican un índice, por lo que no hay necesidad de pagar por la investigación y la toma de decisiones de un gestor. Como resultado, los fondos indexados suelen tener comisiones mucho más bajas que los fondos de gestión activa, lo que significa que puedes mantener más de tus ganancias como inversor.

3. Facilidad de gestión

Invertir en fondos indexados también es fácil de gestionar. Cuando inviertes en un fondo indexado, no tienes que preocuparte por elegir y administrar una cartera de acciones individualmente. En cambio, simplemente compras participaciones en un fondo que sigue un índice, y el gestor del fondo se encarga de comprar y vender las acciones en función de los cambios en el índice. Esto hace que la inversión en fondos indexados sea una opción de inversión ideal para aquellos que no tienen el tiempo, el conocimiento o el interés en administrar una cartera de acciones.

4. Transparencia

Los fondos indexados también son muy transparentes. Dado que los fondos indexados simplemente siguen un índice, es fácil saber qué acciones están incluidas en la cartera del fondo en cualquier momento. Esto significa que como inversor, siempre sabes en qué estás invirtiendo y cómo está funcionando tu inversión.

¿Porque los fondos de inversión son una buena opción para inversores principiantes?

Si eres un inversor principiante, probablemente estés buscando la mejor manera de hacer crecer tu dinero a largo plazo. Y es posible que te sientas abrumado por la cantidad de opciones de inversión disponibles en el mercado. Desde acciones individuales hasta fondos mutuos, hay muchas opciones para elegir.

Pero antes de que te sumerjas en el mundo de la inversión, es importante que entiendas que cada tipo de inversión tiene sus propias ventajas y desventajas. Y, como principiante, es crucial que elijas una opción que se adapte a tus necesidades y objetivos financieros.

En este capítulo, quiero hablar sobre por qué creo que los fondos indexados son una excelente opción para los inversores principiantes. Voy a explicar lo que son los fondos indexados y cómo funcionan, y también hablaré sobre sus ventajas y desventajas.

¿Qué son los fondos indexados y cómo funcionan?

Un fondo indexado es un tipo de fondo de inversión que busca replicar el rendimiento de un índice de mercado específico, como el S&P 500. En lugar de que un gestor de fondos tome decisiones sobre qué acciones comprar y vender, el fondo indexado compra todas las acciones que componen el índice en el que está basado. Debido a esto, los fondos indexados se consideran una forma de inversión pasiva.

El objetivo de un fondo indexado es igualar el rendimiento del índice que sigue. Por ejemplo, si el S&P 500 sube un 10% en un año, se espera que un fondo indexado que siga el S&P 500 también suba un 10% en el mismo período. La mayoría de los fondos indexados tienen costos más bajos que los fondos mutuos de gestión activa y tienden a tener rendimientos consistentes a largo plazo.

Las ventajas de invertir en fondos indexados

Hay varias razones por las que creo que los fondos indexados son una excelente opción para los inversores principiantes.

Estas son algunas de las ventajas más importantes:

==Costos más bajos==: En general, los fondos indexados tienen costos más bajos que los fondos mutuos de gestión activa. Esto se debe a que los fondos indexados no requieren de un gestor de fondos altamente remunerado para tomar decisiones de inversión. En su lugar, el fondo simplemente sigue un índice determinado. Como resultado, los costos son menores y los ahorros se pueden agregar a tu cartera de inversión.

==Mayor diversificación==: Los fondos indexados ofrecen una mayor diversificación que las acciones individuales. En lugar de invertir en unas pocas empresas individuales, un fondo indexado invierte en todas las empresas que componen el índice en el que se basa. Esto significa que tu cartera está más diversificada, lo que ayuda a reducir el riesgo.

==Rendimientos consistentes==: Debido a que los fondos indexados siguen un índice específico, tienden a tener rendimientos consistentes a largo plazo. Si bien el rendimiento no siempre será el más alto del mercado, los fondos indexados son menos propensos a grandes caídas en el mercado.

No obstante, es importante tener en cuenta que invertir en fondos indexados no significa que no se deba prestar atención a las fluctuaciones del mercado. Es necesario mantener una visión a largo plazo y tener paciencia, ya que los mercados pueden experimentar caídas temporales. La clave es mantener una cartera diversificada y bien equilibrada, con una exposición adecuada a diferentes tipos de activos.

Además, es importante tener en cuenta que los fondos indexados no son una inversión mágica que proporciona altos rendimientos sin riesgo.

Como cualquier otro tipo de inversión, los fondos indexados conllevan un cierto nivel de riesgo, y es posible que los inversores sufran pérdidas. Sin embargo, la diversificación de la cartera y la exposición a diferentes tipos de activos pueden ayudar a reducir el riesgo y minimizar las pérdidas.

En resumen, los fondos indexados son una excelente opción para los inversores principiantes que buscan una forma sencilla y rentable de invertir en el mercado de valores. Al invertir en fondos indexados, los inversores pueden obtener una exposición diversificada a los mercados financieros a un costo mucho menor que los fondos de gestión activa. Además, los fondos indexados suelen tener un rendimiento a largo plazo comparable o incluso superior al de los fondos de gestión activa.

No obstante, como con cualquier otro tipo de inversión, es importante tener en cuenta los riesgos asociados con los fondos indexados y mantener una perspectiva a largo plazo. Al construir una cartera diversificada y bien equilibrada, los inversores pueden minimizar el riesgo y maximizar el potencial de rendimiento. En el siguiente capítulo, exploraremos los diferentes tipos de fondos indexados disponibles en el mercado y cómo seleccionar el mejor fondo indexado para tu perfil de inversión.

Tipos de fondos indexados disponibles en el mercado

Como mencioné en el capítulo anterior, los fondos indexados son una gran opción para aquellos que buscan una forma de invertir en una amplia gama de activos sin tener que seleccionarlos uno por uno. Sin embargo, no todos los fondos indexados son iguales. Hay diferentes tipos de fondos indexados disponibles y cada uno se adapta a diferentes objetivos de inversión y perfiles de riesgo.

1. **Fondos de índice de renta variable:** Estos fondos invierten en acciones de empresas cotizadas en bolsa. El objetivo de estos fondos es replicar el rendimiento de un índice bursátil específico, como el S&P 500 o el Nasdaq 100. Estos fondos pueden ser útiles para aquellos inversores que desean invertir en el mercado de valores, pero que no tienen el tiempo o la experiencia para investigar y seleccionar.

2. **Fondos de índice de renta fija:** Estos fondos invierten en bonos emitidos por gobiernos, empresas y otros emisores. El objetivo de estos fondos es replicar el rendimiento de un índice de bonos específico, como el Barclays Aggregate Bond Index. Los fondos de índice de renta fija pueden ser una buena opción para los inversores que buscan una cartera de inversión más diversificada y quieren reducir su exposición a la volatilidad del mercado de valores.

3. **Fondos de índice de materias primas**: Estos fondos invierten en materias primas como petróleo, oro, plata y otros metales preciosos. El objetivo de estos fondos es replicar el rendimiento de un índice de materias primas específico.

Los fondos de índice de materias primas pueden ser una buena opción para aquellos que buscan diversificar su cartera y protegerse contra la inflación.

4. **Fondos de índice de bienes raíces:** Estos fondos invierten en bienes raíces comerciales como edificios de oficinas, centros comerciales y propiedades de alquiler. El objetivo de estos fondos es replicar el rendimiento de un índice de bienes raíces específico, como el índice MSCI US REIT. Los fondos de índice de bienes raíces pueden ser una buena opción para aquellos inversores que buscan diversificar su cartera y obtener ingresos pasivos.

5. **Fondos de índice de sectores específicos**: Estos fondos invierten en empresas de un sector específico, como tecnología, salud o energía. El objetivo de estos fondos es replicar el rendimiento de un índice de sector específico, como el índice Dow Jones U.S. Technology Sector. Los fondos de índice de sectores específicos pueden ser una buena opción para aquellos inversores que desean invertir en un sector específico sin tener que seleccionar acciones individuales.

Cada tipo de fondo indexado tiene sus propias ventajas y desventajas, y es importante seleccionar el que mejor se adapte a tus objetivos de inversión y perfil de riesgo. También es importante tener en cuenta que cada fondo indexado puede tener diferentes comisiones.

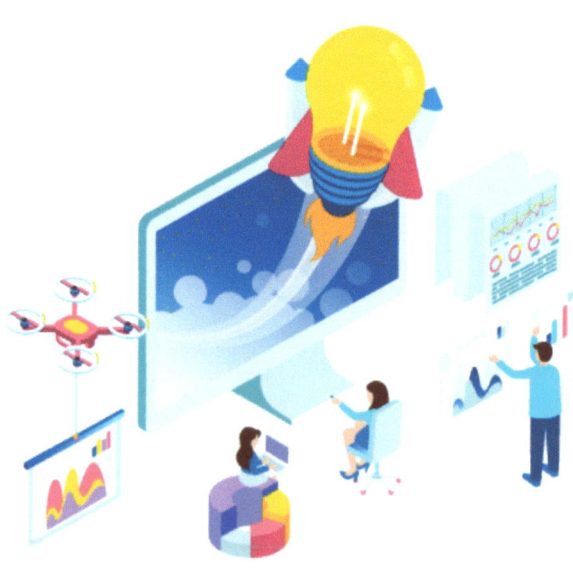

Diferencias entre fondos Indexados y fondos de gestión activa

En los capítulos anteriores, hemos hablado mucho sobre los fondos indexados y sus beneficios para los inversores. Pero, ¿cómo se comparan los fondos indexados con los fondos de gestión activa? En este capítulo, profundizaremos en las diferencias entre los dos tipos de fondos y por qué los fondos indexados son una opción superior para los inversores a largo plazo.

Los fondos de gestión activa son aquellos en los que un gestor de fondos profesional toma decisiones sobre qué acciones, bonos u otros valores incluir en el fondo. El objetivo del gestor es superar el rendimiento del mercado y, en algunos casos, lograr un rendimiento absoluto (es decir, un rendimiento positivo independientemente de lo que haga el mercado). En contraste, **los fondos indexados** simplemente intentan replicar el rendimiento de un índice de referencia, como el S&P 500 o el Dow Jones.

Una de las principales diferencias entre los dos tipos de fondos es el costo. Los fondos de gestión activa suelen tener una tasa de gastos más alta que los fondos indexados. Esto se debe en gran parte a que los fondos de gestión activa requieren más recursos humanos y tecnológicos para tomar decisiones de inversión. Además, los gestores de fondos activos suelen cobrar una comisión por su trabajo, lo que aumenta aún más los costos.

Los fondos indexados, por otro lado, no requieren una gran cantidad de recursos para tomar decisiones de inversión. En su lugar, utilizan una fórmula matemática para replicar el rendimiento del índice de referencia. Esto significa que los costos son mucho más bajos para los inversores. De hecho, muchos fondos indexados tienen tasas de gastos tan bajas como el 0,05% o incluso menos.

Otra diferencia importante entre los dos tipos de fondos es la transparencia. Los fondos indexados suelen ser mucho más transparentes que los fondos de gestión activa. Esto se debe a que los fondos indexados siguen un índice de referencia público, lo que significa que cualquier persona puede ver qué acciones o bonos se incluyen en el fondo. Por otro lado, los gestores de fondos activos a menudo no revelan completamente las decisiones de inversión que toman, lo que dificulta la evaluación del rendimiento del fondo.

Además, los fondos indexados ofrecen una mayor diversificación que los fondos de gestión activa. Esto se debe a que los fondos indexados invierten en un gran número de acciones u otros valores, lo que significa que los inversores están expuestos a una amplia variedad de empresas y sectores. En contraste, los fondos de gestión activa pueden tener una exposición limitada a ciertas empresas o sectores, lo que aumenta el riesgo para los inversores.

Finalmente, los fondos indexados suelen ser una mejor opción para los inversores a largo plazo. Esto se debe a que los fondos indexados tienen un enfoque a largo plazo y no intentan superar el mercado en el corto plazo. En cambio, los fondos indexados buscan replicar el rendimiento del mercado a largo plazo, lo que ha demostrado ser una estrategia efectiva para lograr un crecimiento sostenible a largo plazo. En contraste, los fondos de gestión activa pueden tener un enfoque a corto plazo y buscar obtener ganancias rápidas, lo que puede generar más volatilidad en el rendimiento del fondo y aumentar el riesgo para los inversores.

Además, los estudios han demostrado que los fondos de gestión activa tienen dificultades para superar consistentemente el rendimiento del mercado a largo plazo. De hecho, la mayoría de los fondos de gestión activa no logran superar el rendimiento del mercado y, en algunos casos, pueden incluso tener un rendimiento inferior al del mercado.

En contraste, los fondos indexados han demostrado históricamente un rendimiento superior al de muchos fondos de gestión activa a largo plazo.

Otro beneficio de los fondos indexados es que son más fáciles de administrar que los fondos de gestión activa. Los inversores no necesitan pasar tiempo investigando y evaluando a los gestores de fondos activos y sus decisiones de inversión. En cambio, los inversores pueden simplemente elegir un fondo indexado que siga un índice de referencia amplio y diversificado y dejar que el mercado haga el resto. Esto puede ahorrar tiempo y estrés a los inversores, especialmente aquellos que no tienen la experiencia o el conocimiento para tomar decisiones de inversión complejas.

En resumen, los fondos indexados ofrecen una serie de ventajas sobre los fondos de gestión activa. Los fondos indexados son más baratos, más transparentes, más diversificados y ofrecen un enfoque a largo plazo más sostenible para los inversores. Además, los fondos indexados han demostrado históricamente un rendimiento superior al de muchos fondos de gestión activa a largo plazo. Si bien los fondos de gestión activa pueden tener un atractivo inicial debido a la idea de superar el mercado, en realidad pueden ser una opción más arriesgada y menos rentable para los inversores a largo plazo. Por lo tanto, para los inversores que buscan una forma segura y eficiente de invertir en el mercado, los fondos indexados son la mejor opción.

Cuáles son las comisiones asociadas a los fondos indexados

Los fondos indexados son una opción de inversión atractiva debido a su bajo costo en comparación con los fondos de gestión activa. Pero, ¿cuáles son las comisiones asociadas a los fondos indexados? En este capítulo, discutiremos las diferentes comisiones que se pueden aplicar a los fondos indexados y por qué es importante prestar atención a estas comisiones al elegir un fondo indexado.

La primera comisión que se aplica a los fondos indexados es la ==comisión de gestión==. Esta comisión cubre los costos asociados con la gestión del fondo, como la selección de los valores que se incluirán en el fondo y la administración diaria del fondo. Las comisiones de gestión varían según el fondo, pero generalmente son significativamente más bajas que las comisiones de gestión de los fondos de gestión activa.

Otra comisión que se aplica a los fondos indexados es la ==comisión de seguimiento==. Esta comisión cubre los costos asociados con la replicación del índice de referencia del fondo. Debido a que los fondos indexados buscan replicar el rendimiento de un índice de referencia específico, deben seguir de cerca los cambios en el índice. La comisión de seguimiento se calcula como un porcentaje del valor del fondo y, al igual que la comisión de gestión, varía según el fondo.

Además, ==algunos fondos indexados pueden cobrar una comisión de suscripción o reembolso==. La comisión de suscripción se aplica cuando un inversor compra acciones del fondo y se utiliza para cubrir los costos asociados con la incorporación de nuevos inversores al fondo. La comisión de reembolso, por otro lado, se aplica cuando un inversor vende acciones del fondo y se utiliza para cubrir los costos asociados con la liquidación de las acciones del fondo.

Es importante tener en cuenta que las comisiones pueden afectar significativamente el rendimiento de un fondo indexado. Las comisiones de gestión y seguimiento, en particular, pueden reducir el rendimiento del fondo a largo plazo. Por lo tanto, al elegir un fondo indexado, es importante prestar atención a las comisiones y buscar fondos con comisiones bajas.

Sin embargo, es importante tener en cuenta que las comisiones no son el único factor a considerar al elegir un fondo indexado. Otros factores importantes a considerar incluyen el rendimiento histórico del fondo, la diversificación del fondo y el tamaño del fondo. Los inversores también deben considerar sus objetivos de inversión y su tolerancia al riesgo al elegir un fondo indexado.

En conclusión, las comisiones asociadas con los fondos indexados son significativamente más bajas que las comisiones de los fondos de gestión activa. Sin embargo, las comisiones de gestión, seguimiento y otras comisiones pueden afectar significativamente el rendimiento de un fondo indexado. Por lo tanto, es importante prestar atención a las comisiones al elegir un fondo indexado y buscar fondos con comisiones bajas. Además, los inversores deben considerar otros factores importantes, como el rendimiento histórico, la diversificación y el tamaño del fondo, al elegir un fondo indexado adecuado para sus necesidades de inversión.

CÓMO SELECCIONAR EL MEJOR FONDO INDEXADO PARA TU PERFIL DE INVERSIÓN

En los capítulos anteriores, hemos hablado sobre los beneficios de invertir en fondos indexados y cómo funcionan. Ahora, llega el momento de elegir el mejor fondo indexado para tu perfil de inversión. Aunque puede parecer abrumador al principio, la selección de un fondo indexado adecuado puede marcar una gran diferencia en tu cartera de inversión a largo plazo.

En este capítulo, te guiaremos a través de los pasos para seleccionar el mejor fondo indexado para ti. No importa si eres un inversor novato o experimentado, esta guía te ayudará a tomar decisiones informadas y maximizar tus retornos.

Define tu objetivo de inversión

Antes de invertir, es importante tener claro cuál es tu objetivo de inversión. ¿Estás ahorrando para una casa, una jubilación temprana o simplemente quieres hacer crecer tu dinero a largo plazo? La respuesta a esta pregunta te ayudará a determinar qué tipo de fondo indexado necesitas.

Si tu objetivo es a corto plazo, tal vez desees considerar un fondo indexado de renta fija o un fondo indexado de bonos gubernamentales. Si tu objetivo es a largo plazo, entonces un fondo indexado de renta variable o un fondo indexado de acciones globales podría ser la opción adecuada para ti.

Comprende los diferentes tipos de fondos indexados

Los fondos indexados se dividen en dos tipos principales: fondos indexados de renta variable y fondos indexados de renta fija.

Los fondos indexados de renta variable están compuestos de acciones, mientras que los fondos indexados de renta fija están compuestos de bonos.

Dentro de cada categoría, existen diferentes fondos indexados que se enfocan en distintos mercados o sectores. Por ejemplo, existen fondos indexados que rastrean el índice S&P 500, el índice Nasdaq, el índice FTSE 100, entre otros.

Revisa las comisiones y los gastos

Los fondos indexados tienen comisiones y gastos asociados que pueden afectar tus retornos a largo plazo. Es importante investigar y comparar los gastos de diferentes fondos antes de invertir.

Revisa las comisiones de gestión, que son los cargos que la gestora cobra por administrar el fondo. También revisa los gastos operativos, que incluyen los costos de auditoría y los honorarios legales.

Analiza el rendimiento pasado del fondo

El rendimiento pasado del fondo no garantiza el rendimiento futuro, pero es un indicador útil para evaluar el potencial del fondo. Investiga cómo ha rendido el fondo en el pasado y compáralo con otros fondos en la misma categoría.

No te guíes únicamente por el rendimiento a corto plazo. En cambio, analiza el rendimiento a largo plazo y considera cómo el fondo se ha desempeñado durante diferentes condiciones del mercado.

Evalúa el riesgo del fondo

El riesgo es un factor importante a considerar al seleccionar un fondo indexado. Los fondos indexados de renta variable tienen un mayor riesgo que los fondos indexados de renta fija, ya que las acciones son más volátiles que los bonos. Sin embargo, incluso dentro de la misma categoría de fondos indexados, hay diferentes niveles de riesgo. Es importante entender el nivel de riesgo que estás dispuesto a asumir y seleccionar un fondo indexado que se ajuste a tu perfil de inversión.

Una forma de evaluar el riesgo de un fondo es mediante la medida del beta. El beta mide la sensibilidad del fondo a los movimientos del mercado. Un beta de 1 significa que el fondo se mueve en línea con el mercado, mientras que un beta mayor a 1 indica que el fondo es más volátil que el mercado.

Considera diversificar el fondo.

La diversificación es clave para reducir el riesgo en tu cartera de inversión. Al invertir en un fondo indexado, estás invirtiendo en una amplia variedad de activos. Sin embargo, es importante revisar la diversificación del fondo y asegurarte de que esté adecuadamente diversificado.

Un fondo indexado diversificado debe tener exposición a diferentes mercados y sectores, así como una buena distribución geográfica. Esto ayuda a mitigar el riesgo de un solo mercado o sector.

Elige una gestora de fondos de renombre

La gestora de fondos es responsable de administrar el fondo indexado y tomar decisiones de inversión en nombre de los inversores. Es importante seleccionar una gestora de fondos de renombre que tenga una buena reputación en el mercado.

Revisa la experiencia y la trayectoria de la gestora de fondos, así como su historial de rendimiento y su enfoque de inversión. Asegúrate de que la gestora tenga una estrategia clara y consistente en la gestión del fondo.

Conclusión

Seleccionar el mejor fondo indexado para tu perfil de inversión requiere tiempo y esfuerzo. Es importante definir tus objetivos de inversión, comprender los diferentes tipos de fondos indexados, revisar las comisiones y los gastos, analizar el rendimiento pasado del fondo, evaluar el riesgo, considerar la diversificación y elegir una gestora de fondos de renombre.

Al seguir estos pasos, puedes tomar decisiones informadas y maximizar tus retornos a largo plazo. Recuerda que la inversión en fondos indexados es una estrategia de inversión sólida y de bajo costo que puede ayudarte a alcanzar tus objetivos financieros a largo plazo.

Cómo construir una cartera de inversión equilibrada con fondos indexados

Al invertir en fondos indexados, es importante no solo seleccionar el mejor fondo para tus necesidades, sino también construir una cartera de inversión equilibrada que te ayude a alcanzar tus objetivos financieros a largo plazo. En este capítulo, explicaremos cómo construir una cartera de inversión equilibrada con fondos indexados.

Define tus objetivos de inversión

Antes de comenzar a construir tu cartera de inversión, es importante definir tus objetivos de inversión. ¿Estás invirtiendo para la jubilación? ¿Estás ahorrando para un pago inicial de una casa? ¿Estás buscando generar ingresos pasivos a largo plazo? Comprender tus objetivos te ayudará a determinar la cantidad de riesgo que estás dispuesto a asumir y la duración de la inversión.

Decide tu asignación de activos

La asignación de activos se refiere a la distribución de tus inversiones en diferentes tipos de activos, como acciones, bonos, efectivo y bienes raíces. La asignación de activos correcta para ti dependerá de tus objetivos de inversión y de tu tolerancia al riesgo.

Una regla general comúnmente utilizada es la regla del 100, que sugiere que deberías restar tu edad de 100 para determinar el porcentaje que deberías invertir en acciones. Por ejemplo, si tienes 30 años, deberías invertir el 70% en acciones y el 30% restante en bonos y efectivo. Sin embargo, esto no es una regla estricta y debes ajustar tu asignación de activos en función de tus objetivos y tolerancia al riesgo.

Selecciona los fondos indexados adecuados

Una vez que hayas decidido tu asignación de activos, es hora de seleccionar los fondos indexados adecuados para cada clase de activos. Recuerda los pasos clave para seleccionar el mejor fondo indexado: analiza el rendimiento pasado, revisa las comisiones y gastos, evalúa el riesgo y considera la diversificación.

Busca fondos indexados que tengan una baja tasa de gastos y una buena diversificación. También es importante revisar si el fondo indexado sigue un índice amplio o uno específico.

Monitorea tu cartera de inversión

Es importante monitorear regularmente tu cartera de inversión y realizar ajustes cuando sea necesario. Esto te permitirá mantener una asignación de activos equilibrada y asegurarte de que estás en el camino correcto para alcanzar tus objetivos financieros.

A medida que cambian tus objetivos y tu tolerancia al riesgo, es posible que necesites ajustar tu asignación de activos y cambiar los fondos indexados en tu cartera de inversión.

Considera la reinversión de dividendos

Muchos fondos indexados pagan dividendos a los inversores. Considera la reinversión de estos dividendos para aprovechar el interés compuesto y aumentar tus retornos a largo plazo.

No te olvides de los impuestos

Es importante considerar los impuestos al construir una cartera de inversión con fondos indexados. Asegúrate de comprender cómo se gravan tus inversiones y cómo puedes minimizar los impuestos legalmente. Algunas estrategias comunes incluyen la inversión en cuentas de jubilación con ventajas fiscales, como una cuenta de jubilación individual (IRA) o un plan 401(k), y la venta de inversiones con pérdidas para compensar las ganancias.

Mantén una perspectiva a largo plazo

Al invertir en fondos indexados, es importante mantener una perspectiva a largo plazo. Los mercados pueden fluctuar a corto plazo, pero históricamente han tendido a subir a largo plazo. Al mantener una cartera de inversión equilibrada y diversificada a largo plazo, puedes aprovechar el poder del interés compuesto y aumentar tus retornos a lo largo del tiempo.

Conclusión

Al construir una cartera de inversión equilibrada con fondos indexados, es importante considerar tus objetivos de inversión, definir tu asignación de activos, seleccionar los fondos indexados adecuados, monitorear tu cartera de inversión, considerar la reinversión de dividendos, minimizar los impuestos y mantener una perspectiva a largo plazo. Siguiendo estos pasos, puedes crear una cartera de inversión sólida y alcanzar tus objetivos financieros a largo plazo.

Recuerda, la inversión es una carrera de fondo, no un sprint. Al construir una cartera de inversión equilibrada y diversificada, puedes aprovechar el poder del interés compuesto y aumentar tus retornos a lo largo del tiempo. ¡Comienza hoy mismo y aprovecha los beneficios de los fondos indexados!

Claves para invertir con éxito en los fondos indexados

Los fondos indexados son una forma eficiente y rentable de invertir en el mercado de valores. En lugar de tratar de superar al mercado, los fondos indexados simplemente buscan igualar el desempeño de un índice de referencia, como el S&P 500. Esto significa que los inversores no tienen que preocuparse por elegir acciones individuales o hacer un seguimiento constante del mercado. En cambio, pueden confiar en que su inversión seguirá el ritmo del mercado a largo plazo.

En este capítulo, discutiremos las claves para invertir con éxito en fondos indexados. Veremos cómo elegir el fondo adecuado, cómo diversificar su cartera y cómo mantener una estrategia a largo plazo.

La importancia de la elección del fondo adecuado

El primer paso para invertir con éxito en fondos indexados es elegir el fondo adecuado. Hay cientos de fondos indexados diferentes disponibles, y cada uno tiene sus propias características y costos.

Al elegir un fondo, es importante considerar el índice que sigue el fondo. Algunos fondos indexados siguen índices amplios, como el S&P 500, que incluyen acciones de empresas de diferentes sectores y tamaños. Otros fondos indexados siguen índices más específicos, como el Dow Jones US Technology Index, que se centra en empresas de tecnología estadounidenses.

Es importante elegir un fondo que siga un índice que esté alineado con sus objetivos de inversión y su tolerancia al riesgo. Si está buscando una inversión de largo plazo y está dispuesto a asumir un poco más de riesgo, puede considerar un fondo que siga un índice de acciones de pequeñas empresas. Si está buscando una inversión más conservadora, puede considerar un fondo que siga un índice de bonos.

Además del índice que sigue el fondo, también es importante considerar los costos asociados con el fondo. Los fondos indexados suelen tener costos más bajos que los fondos administrados activamente, pero aún pueden variar. Los costos pueden incluir gastos de administración, comisiones de corretaje y gastos de transacción.

Es importante comparar los costos de diferentes fondos antes de tomar una decisión. Unos pocos puntos básicos de diferencia en los costos pueden tener un impacto significativo en el rendimiento de su inversión a largo plazo.

Diversificación de su cartera

Una vez que haya elegido el fondo adecuado, es importante asegurarse de que su cartera esté diversificada. La diversificación ayuda a reducir el riesgo de su cartera al distribuir su inversión en diferentes sectores y activos.

Un error común que cometen los inversores es tener una cartera demasiado concentrada en un solo sector o activo. Por ejemplo, puede ser tentador invertir en un fondo que siga el índice de tecnología de la información debido al éxito reciente de las empresas de tecnología. Sin embargo, esto puede exponer su cartera a un riesgo significativo si el sector tecnológico experimenta una caída en el mercado.

En su lugar, debe considerar invertir en una variedad de fondos indexados que cubran diferentes sectores y activos. Esto puede incluir fondos que sigan índices de acciones nacionales e internacionales, fondos de bonos corporativos y gubernamentales, y fondos que sigan índices de materias primas y bienes raíces.

La diversificación también puede ayudarlo a equilibrar su cartera y ajustar su estrategia de inversión a medida que cambian las condiciones del mercado. Por ejemplo, si el mercado de valores está experimentando una fuerte volatilidad, puede considerar aumentar su inversión en fondos de bonos para reducir el riesgo de su cartera.

Mantener una estrategia a largo plazo

Finalmente, es importante mantener una estrategia a largo plazo al invertir en fondos indexados. A diferencia de los fondos administrados activamente, los fondos indexados no buscan superar al mercado a corto plazo. En cambio, buscan igualar el rendimiento del mercado a largo plazo.

Esto significa que es importante tener paciencia y no preocuparse por los altibajos a corto plazo del mercado. A lo largo del tiempo, los fondos indexados han demostrado ser una forma efectiva de construir riqueza y alcanzar los objetivos de inversión a largo plazo.

Además, es importante evitar la tentación de intentar cronometrar el mercado o hacer cambios constantes en su cartera. La evidencia ha demostrado que los inversores que intentan cronometrar el mercado tienden a perder dinero en comparación con los inversores que mantienen una estrategia a largo plazo.

Conclusión

En resumen, invertir en fondos indexados puede ser una forma efectiva y rentable de invertir en el mercado de valores. Al elegir el fondo adecuado, diversificar su cartera y mantener una estrategia a largo plazo, puede alcanzar sus objetivos de inversión y construir riqueza a lo largo del tiempo. Recuerde, la clave del éxito en la inversión en fondos indexados es tener paciencia, mantener una visión a largo plazo y evitar la tentación de intentar cronometrar el mercado o hacer cambios constantes en su cartera.

Como monitorizar y gestionar tu cartera de fondos indexados

Ya has tomado la sabia decisión de invertir en fondos indexados, pero eso no significa que puedas sentarte y dejar que tus inversiones se gestionen solas. De hecho, el seguimiento y la gestión de tu cartera de fondos indexados es tan importante como la elección de los fondos adecuados en primer lugar. En este capítulo, te mostraremos cómo monitorizar y gestionar tu cartera de fondos indexados para maximizar tus ganancias y minimizar tus riesgos.

Haz un seguimiento de tus inversiones

El seguimiento regular de tus inversiones es esencial para asegurarte de que tu cartera de fondos indexados esté funcionando como se espera. Debes hacer un seguimiento de los siguientes elementos clave:

Rendimiento del fondo: Comprueba el rendimiento de tus fondos en relación con su índice de referencia y otros fondos similares. Asegúrate de que estás obteniendo el rendimiento que esperabas de tus fondos.

Asignación de activos: Revisa regularmente la asignación de activos de tu cartera para asegurarte de que se ajusta a tus objetivos de inversión a largo plazo. Si tu asignación de activos se ha desviado significativamente de tu plan original, es posible que debas ajustarla.

Diversificación: Asegúrate de que tu cartera esté bien diversificada. Si una sola inversión representa una gran parte de tu cartera, es posible que desees reducir tu exposición a esa inversión.

Realiza ajustes periódicos

Incluso si has creado una cartera bien diversificada y has seleccionado fondos indexados de alta calidad, es posible que aún necesites realizar ajustes periódicos. Algunas de las razones más comunes para ajustar tu cartera incluyen:

Cambios en tus objetivos de inversión: Si tus objetivos de inversión a largo plazo cambian, es posible que debas ajustar la asignación de activos de tu cartera.

Cambios en tus circunstancias financieras: Si tu situación financiera ha cambiado significativamente, es posible que debas ajustar la cantidad de dinero que estás invirtiendo en fondos indexados.

Cambios en el mercado: Si los mercados se vuelven más volátiles o si los rendimientos de tus fondos indexados comienzan a quedarse atrás de su índice de referencia, es posible que desees ajustar tu cartera.

Minimiza los costes

Los fondos indexados suelen tener costes más bajos que los fondos gestionados activamente, pero aún así, es importante minimizar los costes siempre que sea posible. Aquí hay algunos consejos para reducir los costes de tu cartera de fondos indexados:

Busca fondos indexados con gastos bajos: Compara los gastos de diferentes fondos indexados y elige aquellos con los gastos más bajos.

Evita fondos con cargos de venta: Algunos fondos indexados cobran cargos de venta, lo que reduce tus ganancias. Busca fondos sin cargos de venta.

Utiliza una plataforma de inversión de bajo costo: Algunas plataformas de inversión cobran comisiones más altas que otras. Busca una plataforma de bajo costo para minimizar las comisiones y los costes asociados con la gestión de tu cartera.

Considera la reinversión de dividendos: Algunos fondos indexados ofrecen la opción de reinvertir los dividendos en lugar de recibirlos en efectivo. Esto puede reducir los costes de transacción asociados con la compra de acciones adicionales.

Mantén una perspectiva a largo plazo

Invertir en fondos indexados es una estrategia a largo plazo. Debes estar preparado para mantener tus inversiones durante varios años, incluso décadas, para obtener los mejores resultados. Aquí hay algunos consejos para mantener una perspectiva a largo plazo:

No intentes cronometrar el mercado: Intentar predecir los movimientos del mercado a corto plazo es una tarea difícil y a menudo imposible. En su lugar, mantén una estrategia de inversión a largo plazo y no te dejes llevar por las fluctuaciones del mercado.

Revisa tu cartera regularmente: Aunque debes mantener una perspectiva a largo plazo, es importante revisar regularmente tu cartera para asegurarte de que siga siendo adecuada para tus objetivos de inversión.

No te desanimes por las caídas del mercado: Las caídas del mercado son inevitables, pero son temporales. No te desanimes por las pérdidas temporales y mantén una visión a largo plazo.

Considera la ayuda de un asesor financiero

Si te sientes abrumado por el seguimiento y la gestión de tu cartera de fondos indexados, considera la ayuda de un asesor financiero. Un asesor financiero puede ayudarte a:

Crear una estrategia de inversión a largo plazo que se adapte a tus objetivos financieros.

Selecionar los fondos indexados adecuados para tu cartera.

Monitorear y ajustar tu cartera de fondos indexados regularmente.

Proporcionar información y asesoramiento sobre cómo maximizar tus ganancias y minimizar tus riesgos.

En conclusión, monitorizar y gestionar tu cartera de fondos indexados es una parte crucial de la inversión exitosa. Debes hacer un seguimiento regular de tus inversiones, realizar ajustes periódicos, minimizar los costes, mantener una perspectiva a largo plazo y, si es necesario, considerar la ayuda de un asesor financiero. Al seguir estos consejos, podrás maximizar tus ganancias y minimizar tus riesgos para alcanzar tus objetivos financieros a largo plazo.

¿Cómo se comportan los fondos Indexados en diferentes escenarios económicos?

Los fondos indexados son una excelente opción para aquellos inversores que buscan diversificación y exposición a los mercados financieros a largo plazo. Sin embargo, a pesar de su popularidad, muchas personas se preguntan cómo se comportan los fondos indexados en diferentes escenarios económicos. En este capítulo, exploraremos los diferentes escenarios económicos y cómo los fondos indexados pueden desempeñarse en cada uno de ellos.

Escenario económico de crecimiento económico sólido

Cuando la economía está creciendo a un ritmo saludable, los inversores generalmente esperan un aumento en los precios de las acciones y una disminución en los precios de los bonos. En este escenario, los fondos indexados de acciones pueden desempeñarse bien, ya que están expuestos a empresas que probablemente experimenten un crecimiento en las ganancias y en el valor de sus acciones.

Por otro lado, los fondos indexados de bonos pueden tener un rendimiento inferior debido a la disminución en los precios de los bonos y el aumento en las tasas de interés que a menudo se produce en este escenario.

Escenario económico de recesión

En un escenario de recesión, la economía está disminuyendo o incluso en contracción. Esto puede llevar a una disminución en los precios de las acciones y los bonos. En este escenario, los fondos indexados de acciones pueden tener un rendimiento inferior, ya que las empresas pueden experimentar una disminución en las ganancias y en el valor de sus acciones.

Los fondos indexados de bonos pueden tener un mejor rendimiento debido a un aumento en la demanda de bonos como refugio seguro para los inversores.

Escenario económico de inflación

Cuando la inflación está aumentando, los inversores pueden esperar un aumento en los precios de las acciones y un rendimiento inferior para los bonos. En este escenario, los fondos indexados de acciones pueden desempeñarse bien, ya que las empresas pueden aumentar los precios de sus productos para compensar el aumento en los costos. Los fondos indexados de bonos pueden tener un rendimiento inferior debido a la disminución en el poder adquisitivo del dinero.

Escenario económico de deflación

En un escenario de deflación, los precios de los bienes y servicios disminuyen. Esto puede llevar a una disminución en los precios de las acciones y los bonos. En este escenario, los fondos indexados de acciones pueden tener un rendimiento inferior, ya que las empresas pueden experimentar una disminución en las ganancias y en el valor de sus acciones. Los fondos indexados de bonos pueden tener un mejor rendimiento debido a un aumento en la demanda de bonos como refugio seguro para los inversores.

Ejemplo práctico:

Supongamos que un inversor tiene un fondo indexado de acciones que sigue el índice S&P 500. Durante un período de crecimiento económico sólido, el valor del fondo indexado aumentará a medida que las empresas incluidas en el índice experimenten un aumento en las ganancias y en el valor de sus acciones. Por otro lado, durante un período de recesión, el valor del fondo indexado disminuirá a medida que las empresas experimenten una disminución en las ganancias y en el valor de sus acciones. En un escenario de inflación, el valor del fondo indexado también puede aumentar a medida que las empresas aumenten los precios de sus productos para compensar el aumento en los costos.

En cambio, si el inversor tuviera un fondo indexado de bonos, durante un período de crecimiento económico sólido, el valor del fondo indexado disminuirá debido a la disminución en los precios de los bonos y el aumento en las tasas de interés. Sin embargo, durante un período de recesión, el valor del fondo indexado puede aumentar debido a un aumento en la demanda de bonos como refugio seguro para los inversores.

En general, es importante tener en cuenta que los fondos indexados se comportan de manera diferente en diferentes escenarios económicos. Por lo tanto, es importante que los inversores elijan los fondos indexados que se ajusten a sus objetivos y necesidades de inversión.

Además, es importante destacar que los fondos indexados están diseñados para ser inversiones a largo plazo. Por lo tanto, los inversores deben ser pacientes y no esperar un rendimiento espectacular en el corto plazo. En cambio, deben centrarse en mantener una cartera diversificada y bien equilibrada que les permita alcanzar sus objetivos de inversión a largo plazo.

En resumen, los fondos indexados pueden ser una excelente opción para los inversores que buscan diversificación y exposición a los mercados financieros a largo plazo. Sin embargo, es importante tener en cuenta que los fondos indexados se comportan de manera diferente en diferentes escenarios económicos y que los inversores deben elegir los fondos indexados que se ajusten a sus objetivos y necesidades de inversión. Al mantener una cartera diversificada y bien equilibrada, los inversores pueden alcanzar sus objetivos de inversión a largo plazo de manera efectiva.

Los riesgos asociados a la inversión en fondos indexados

En los capítulos anteriores hemos hablado sobre los beneficios de invertir en fondos indexados, desde la diversificación hasta las bajas comisiones y la facilidad de operación. Sin embargo, como en cualquier tipo de inversión, existen riesgos asociados a la inversión en fondos indexados que debemos tener en cuenta. En este capítulo, hablaremos sobre estos riesgos y cómo podemos manejarlos para minimizar su impacto en nuestras inversiones.

Riesgo de mercado

El riesgo de mercado se refiere a la posibilidad de que el valor de nuestro fondo indexado disminuya debido a una caída en el mercado en general. Si el mercado está en una tendencia bajista, es probable que nuestro fondo indexado también pierda valor. Esto puede ser especialmente preocupante para los inversores que dependen de sus inversiones para la jubilación o para otros objetivos a largo plazo.

Sin embargo, es importante recordar que el mercado siempre ha tenido ciclos alcistas y bajistas, y que los períodos bajistas son a menudo seguidos por períodos alcistas. A largo plazo, los fondos indexados tienden a seguir la tendencia general del mercado, lo que significa que, a medida que el mercado se recupera, es probable que nuestro fondo indexado también se recupere.

Ejemplo práctico: durante la pandemia de COVID-19, el mercado sufrió una fuerte caída en marzo de 2020. Muchos fondos indexados también perdieron valor en ese momento. Sin embargo, a medida que el mercado se recuperó en los meses siguientes, los fondos indexados también se recuperaron y, en algunos casos, superaron sus niveles anteriores a la pandemia.

Riesgo de concentración

Otro riesgo asociado a la inversión en fondos indexados es el riesgo de concentración. Cuando invertimos en un fondo indexado, estamos invirtiendo en una canasta de acciones que representan el índice subyacente. Si un número limitado de acciones del índice tienen un rendimiento negativo, el valor de nuestro fondo indexado puede verse afectado significativamente.

Por ejemplo, si un fondo indexado sigue el índice S&P 500, y una sola acción del S&P 500 representa el 10% del valor total del índice, el valor del fondo indexado se verá afectado significativamente si esa acción experimenta una caída significativa en su valor.

Para minimizar el riesgo de concentración, es importante diversificar nuestra cartera de inversiones. Podemos hacerlo invirtiendo en varios fondos indexados que sigan diferentes índices o sectores de la economía. De esta manera, si un fondo indexado sufre una pérdida significativa debido a una caída en una sola acción, el impacto en nuestra cartera total será menor.

Ejemplo práctico: imagine que un inversor tiene todo su dinero invertido en un fondo indexado que sigue el índice NASDAQ. En el año 2000, el NASDAQ sufrió una importante caída debido al estallido de la burbuja tecnológica, y el valor del fondo indexado cayó en picado. Si el inversor hubiera diversificado su cartera de inversiones invirtiendo en otros fondos indexados que sigan diferentes índices o sectores de la economía no hubiera bajado en la misma proporción el fondo.

De esta manera, si un fondo indexado sufre una pérdida significativa debido a una caída en una sola acción, el impacto en nuestra cartera total será menor.

Ejemplo práctico: imagine que un inversor tiene todo su dinero invertido en un fondo indexado que sigue el índice NASDAQ. En el año 2000, el NASDAQ sufrió una importante caída debido al estallido de la burbuja tecnológica, y el valor del fondo indexado cayó en picado.

Si el inversor hubiera diversificado su cartera de inversiones invirtiendo en otros fondos indexados que sigan diferentes índices o sectores de la economía, el impacto en su cartera total hubiera sido menor.

Riesgo de liquidez

Otro riesgo a tener en cuenta es el riesgo de liquidez. En algunos casos, los fondos indexados pueden invertir en activos que no son fácilmente negociables en el mercado, como bonos corporativos de baja calidad crediticia. Si los inversores desean retirar su inversión en el fondo, puede haber dificultades para vender estos activos y obtener el valor deseado.

Es importante leer cuidadosamente el prospecto del fondo indexado antes de invertir para entender qué activos están incluidos en el fondo y cómo estos activos pueden afectar la liquidez del fondo.

Ejemplo práctico: un fondo indexado que sigue el mercado de bonos puede incluir bonos corporativos de baja calidad crediticia en su cartera. Si el mercado de bonos experimenta una caída y los inversores desean retirar su inversión en el fondo, puede haber dificultades para vender estos bonos y obtener el valor deseado.

Riesgo de réplica

Los fondos indexados intentan replicar el rendimiento de un índice subyacente, pero en algunos casos puede haber pequeñas desviaciones en la réplica del índice. Estas desviaciones pueden ocurrir debido a varios factores, como los costos de transacción o las limitaciones de inversión del fondo.

Es importante entender que estas desviaciones pueden afectar el rendimiento del fondo en comparación con el índice subyacente. Por lo tanto, es importante elegir un fondo indexado que tenga una réplica cercana al índice subyacente y revisar regularmente el rendimiento del fondo para asegurarnos de que está cumpliendo con nuestras expectativas.

Ejemplo práctico: un fondo indexado que sigue el índice S&P 500 puede tener una pequeña desviación en su réplica debido a los costos de transacción. Si esta desviación es significativa, el rendimiento del fondo puede ser diferente al rendimiento del índice S&P 500.

Riesgo de gestión

Los fondos indexados son gestionados por empresas de gestión de inversiones que cobran una comisión por administrar el fondo. Si la empresa de gestión de inversiones no está administrando el fondo de manera efectiva, esto puede afectar el rendimiento del fondo y, por lo tanto, el valor de nuestra inversión.

Es importante investigar cuidadosamente la empresa de gestión de inversiones antes de invertir en un fondo indexado. Debemos elegir una empresa de gestión de inversiones con una sólida reputación y una larga historia de administrar con éxito fondos indexados.

Ejemplo práctico: El ejemplo práctico de este riesgo es si una empresa de gestión de inversiones que administra un fondo indexado cambia su estrategia de inversión o pierde a sus gerentes de fondos clave. Esto puede afectar negativamente el rendimiento del fondo y, por lo tanto, el valor de nuestra inversión.

Cómo minimizar los riesgos asociados a los fondos indexados

Aunque los fondos indexados tienen riesgos asociados, estos riesgos se pueden minimizar siguiendo algunas mejores prácticas de inversión.

Diversificar su cartera

Como se mencionó anteriormente, la diversificación es clave para minimizar los riesgos asociados a la inversión en fondos indexados. Al invertir en diferentes fondos indexados que siguen diferentes índices o sectores de la economía, podemos reducir el impacto de una sola acción o un solo mercado en nuestra cartera total.

Leer cuidadosamente el prospecto del fondo

Es importante leer cuidadosamente el prospecto del fondo indexado antes de invertir para entender qué activos están incluidos en el fondo y cómo estos activos pueden afectar la liquidez del fondo. Además, debemos revisar regularmente el rendimiento del fondo para asegurarnos de que está cumpliendo con nuestras expectativas.

Elegir una empresa de gestión de inversiones sólida

Debemos investigar cuidadosamente la empresa de gestión de inversiones antes de invertir en un fondo indexado. Debemos elegir una empresa de gestión de inversiones con una sólida reputación y una larga historia de administrar con éxito fondos indexados.

Revisar regularmente su cartera

Es importante revisar regularmente su cartera de inversión y ajustarla según sea necesario para garantizar que se mantenga diversificada y cumpla con sus objetivos de inversión a largo plazo.

Conclusión

Los fondos indexados son una excelente opción para los inversores que desean una cartera diversificada y de bajo costo. Sin embargo, como con cualquier inversión, existen riesgos asociados que deben tenerse en cuenta al invertir en fondos indexados.

Es importante entender estos riesgos y tomar medidas para minimizarlos, como diversificar su cartera, leer cuidadosamente el prospecto del fondo, elegir una empresa de gestión de inversiones sólida y revisar regularmente su cartera.

Al hacerlo, podemos aprovechar los beneficios de los fondos indexados y tener una cartera de inversión sólida y exitosa a largo plazo.

Mitos y verdades sobre los fondos indexados

En el mundo de la inversión, hay muchos mitos y verdades sobre los fondos indexados. En este capítulo, vamos a explorar algunos de los mitos más comunes y las verdades detrás de ellos. Al final, esperamos que puedas ver la verdad detrás de estos mitos y que te sientas más confiado al invertir en fondos indexados.

Mito #1: Los fondos indexados no tienen un buen desempeño.

Este es uno de los mitos más comunes que se escuchan sobre los fondos indexados. Mucha gente cree que los fondos indexados no pueden superar al mercado, lo cual no es cierto. En realidad, muchos fondos indexados han superado consistentemente a los fondos administrados activamente en el largo plazo. Un ejemplo es el índice S&P 500, que ha superado a la mayoría de los fondos administrados activamente durante décadas.

Verdad: Los fondos indexados pueden superar a los fondos administrados activamente en el largo plazo.

Mito#2: Los fondos indexados son solo para inversores pasivos.

Este es otro mito común sobre los fondos indexados. Mucha gente cree que los fondos indexados son solo para los inversores que no quieren hacer nada y solo quieren poner su dinero en el mercado. En realidad, los fondos indexados son para cualquier inversor que quiera diversificar su cartera y obtener una exposición a un mercado específico.

Verdad: Los fondos indexados son para cualquier inversor que quiera diversificar su cartera y obtener exposición a un mercado específico.

Mito#3: Los fondos indexados son riesgosos.

Este es un mito que a menudo se escucha de inversores que no están familiarizados con los fondos indexados. Muchas creen que, al invertir en un fondo indexado, están poniendo todo su dinero en un solo lugar y que esto es riesgoso. En realidad, los fondos indexados están diseñados para ser una forma de diversificar el riesgo y reducir el riesgo de invertir en un solo valor o sector.

Verdad: Los fondos indexados pueden ayudar a diversificar el riesgo y reducir el riesgo de invertir en un solo valor o sector.

Mito #4: Los fondos indexados sólo invierten en acciones.

Este es otro mito común sobre los fondos indexados. Muchas personas creen que los fondos indexados sólo invierten en acciones, lo cual no es cierto. Los fondos indexados también pueden invertir en bonos, materias primas, divisas y otros instrumentos financieros. De hecho, hay fondos indexados que se especializan en estos instrumentos.

Verdad: Los fondos indexados pueden invertir en una amplia variedad de instrumentos financieros, no solo en acciones.

Mito #5: Los fondos indexados son caros.

Este es otro mito común sobre los fondos indexados. Muchas personas creen que los fondos indexados son caros, pero en realidad son muy asequibles. Debido a que los fondos indexados están diseñados para replicar un índice, tienen menos gastos que los fondos administrados activamente. Esto significa que los fondos indexados suelen tener gastos mucho más bajos que los fondos administrados activamente.

Verdad: Los fondos indexados suelen tener gastos mucho más bajos que los fondos administrados activamente.

Mito #6: Los fondos indexados no tienen un gestor de cartera.

Este es un mito que surge a menudo en relación a los fondos indexados. Mucha gente cree que los fondos indexados no tienen un gestor de cartera y que simplemente están programados para seguir un índice. En realidad, los fondos indexados sí tienen un gestor de cartera que se encarga de mantener el fondo en línea con el índice subyacente. Este gestor de cartera también puede tomar decisiones sobre cuándo comprar o vender ciertos valores para mantener la proporción correcta en la cartera.

Verdad: Los fondos indexados tienen un gestor de cartera que se encarga de mantener el fondo en línea con el índice subyacente.

Mito #7: Los fondos indexados no ofrecen diversificación.

Este es un mito que surge a menudo en relación a los fondos indexados. Mucha gente cree que los fondos indexados no ofrecen diversificación, ya que simplemente replican un índice. En realidad, los fondos indexados ofrecen diversificación al invertir en muchos valores diferentes. Además, los fondos indexados también pueden invertir en diferentes sectores y regiones, lo que aumenta la diversificación de la cartera.

Verdad: Los fondos indexados ofrecen diversificación al invertir en muchos valores diferentes y en diferentes sectores y regiones.

Ejemplo práctico:

Supongamos que un inversor quiere invertir en el mercado de valores de Estados Unidos. Si decide invertir en acciones individuales, deberá elegir las empresas en las que quiere invertir. Esto puede ser difícil y requiere mucho tiempo y esfuerzo para investigar cada empresa individualmente.

Por otro lado, si decide invertir en un fondo administrado

activamente, tendrá que pagar una tarifa de gestión más alta y aún así no hay garantía de que el fondo vaya a superar al mercado.

En cambio, si el inversor decide invertir en un fondo indexado que sigue el S&P 500, tendrá una exposición a 500 empresas en una sola inversión. Además, los fondos indexados suelen tener gastos mucho más bajos que los fondos administrados activamente. Por lo tanto, el inversor puede obtener una exposición diversificada al mercado de valores de Estados Unidos con un menor costo.

Conclusión:

Los mitos y verdades sobre los fondos indexados pueden ser confusos, pero es importante entenderlos para poder tomar decisiones de inversión informadas. Los fondos indexados pueden ser una excelente opción para los inversores que buscan una exposición diversificada a un mercado específico y quieren minimizar los costos de inversión. Al comprender la verdad detrás de estos mitos, podrás tomar decisiones informadas y seguras al invertir en fondos indexados.

Cuanto dinero necesitas para empezar a invertir en fondos indexados

Si estás interesado en invertir en fondos indexados, probablemente te estés preguntando cuánto dinero necesitas para empezar. La buena noticia es que no necesitas una gran cantidad de dinero para empezar a invertir en fondos indexados.

En la mayoría de los casos, los fondos indexados tienen requisitos de inversión mínimos relativamente bajos. De hecho, algunos fondos permiten inversiones iniciales tan bajas como $50 o $100. Esto significa que no necesitas tener una gran cantidad de dinero para empezar a invertir en fondos indexados.

Por supuesto, el requisito de inversión inicial varía según el fondo y el bróker. Algunos fondos pueden requerir una inversión inicial de $1,000 o más. Sin embargo, incluso en estos casos, todavía se considera un requisito de inversión mínimo relativamente bajo en comparación con otros tipos de inversiones, como la inversión en bienes raíces.

Por ejemplo, si decides invertir en el Fondo Indexado Vanguard 500, uno de los fondos indexados más populares, el requisito de inversión inicial es de $3,000. Esto puede parecer una cantidad significativa de dinero, pero en realidad es una inversión bastante asequible en comparación con otras opciones de inversión.

Si tienes un presupuesto limitado, hay algunos brókeres que permiten a los inversores invertir en fracciones de acciones. Esto significa que puedes invertir una cantidad menor en un fondo indexado y poseer una fracción de una acción. Por ejemplo, si el precio de una acción del Fondo Indexado Vanguard 500 es de $300, puedes invertir $150 y poseer una fracción de una acción.

Beneficios de invertir en fondos indexados

Ahora que hemos discutido cuánto dinero necesitas para empezar a invertir en fondos indexados, hablemos sobre los beneficios de hacerlo.

Diversificación: Una de las principales ventajas de invertir en fondos indexados es que te permite diversificar tus inversiones. Los fondos indexados invierten en una amplia variedad de acciones, lo que significa que tu dinero está distribuido en diferentes empresas y sectores. Esto reduce el riesgo de perder todo tu dinero si una empresa o sector en particular sufre pérdidas.

Costos más bajos: En comparación con los fondos de gestión activa, los fondos indexados suelen tener costos más bajos. Esto se debe en parte al hecho de que los fondos indexados no requieren un equipo de gestión activa para tomar decisiones de inversión. En lugar de eso, el fondo simplemente sigue el rendimiento del índice subyacente.

Facilidad de inversión: Invertir en fondos indexados es bastante sencillo. En lugar de tener que elegir acciones individuales y hacer un seguimiento de sus rendimientos, puedes simplemente invertir en un fondo indexado que siga un índice determinado. Esto te permite invertir en múltiples acciones con una sola transacción.

Rendimientos consistentes: A largo plazo, los fondos indexados suelen ofrecer rendimientos consistentes. Si bien los rendimientos pueden fluctuar en el corto plazo, a largo plazo, los fondos indexados han demostrado ofrecer rendimientos sólidos y consistentes.

Ejemplo de inversión en fondos indexados

Supongamos que tienes $1,000 para invertir en fondos indexados. Puedes elegir un fondo indexado que siga el S&P 500, que es un índice de las 500 mayores empresas de EE. UU. que cotizan en bolsa. Algunos fondos indexados que siguen el S&P 500 incluyen el Fondo Indexado Vanguard 500, el Fondo Indexado iShares Core S&P 500 y el Fondo Indexado SPDR S&P 500.

Si decides invertir en el Fondo Indexado Vanguard 500, con una inversión inicial de $3,000, podrías invertir $1,000 y poseer una fracción de una acción. A medida que tu inversión aumenta, podrías invertir más en el fondo y aumentar tu participación en el mismo.

Supongamos que has invertido $1,000 en el Fondo Indexado Vanguard 500 y has decidido mantener la inversión a largo plazo. A lo largo del tiempo, tu inversión se verá afectada por los cambios en el rendimiento del índice subyacente. Si el S&P 500 sube un 10%, tu inversión en el Fondo Indexado Vanguard 500 también debería aumentar en un 10%.

Es importante tener en cuenta que los fondos indexados son una inversión a largo plazo. Si bien los rendimientos pueden fluctuar en el corto plazo, a largo plazo, los fondos indexados han demostrado ofrecer rendimientos sólidos y consistentes.

Conclusión

En resumen, no necesitas tener una gran cantidad de dinero para empezar a invertir en fondos indexados. La mayoría de los fondos indexados tienen requisitos de inversión mínimos relativamente bajos, lo que los hace accesibles para la mayoría de los inversores. Además, los fondos indexados ofrecen muchos beneficios, incluida la diversificación, los costos más bajos, la facilidad de inversión y los rendimientos consistentes a largo plazo.

Si estás interesado en invertir en fondos indexados, te recomiendo hacer tu propia investigación y elegir un fondo que se adapte a tus objetivos financieros y tu perfil de riesgo. Recuerda que la inversión en fondos indexados es una inversión a largo plazo y que los rendimientos pueden fluctuar en el corto plazo. Sin embargo, a largo plazo, los fondos indexados han demostrado ser una opción sólida y rentable para los inversores que buscan aumentar su patrimonio neto y alcanzar sus objetivos financieros a largo plazo.

Como invertir en fondos indexados a través de un plan de pensiones

Los planes de pensiones son una excelente opción para invertir en fondos indexados. La mayoría de las personas no tienen suficiente conocimiento financiero para diseñar y administrar su propia cartera de inversiones. Además, las tasas de comisión y gestión pueden ser elevadas. Los planes de pensiones ofrecen a los inversores la oportunidad de participar en los mercados financieros con la ayuda de gestores profesionales a un costo más bajo que si invirtieran por su cuenta.

¿Qué son los planes de pensiones?

Los planes de pensiones son una forma de ahorro a largo plazo para la jubilación. Son productos financieros diseñados para ayudar a las personas a ahorrar para su futuro. Al invertir en un plan de pensiones, el inversor deposita dinero en una cuenta que se gestiona profesionalmente. El objetivo es obtener ganancias y crecimiento a largo plazo. Los planes de pensiones suelen estar sujetos a ciertas reglas y regulaciones que pueden limitar las opciones de inversión y la flexibilidad de los inversores.

¿Por qué invertir en fondos indexados a través de un plan de pensiones?

Los fondos indexados son una excelente opción para los inversores que buscan una forma pasiva de invertir en los mercados financieros. Los fondos indexados replican un índice de mercado, como el S&P 500, en lugar de intentar superarlo. Esto significa que los inversores obtienen una exposición diversificada al mercado en lugar de depender del rendimiento de un solo valor o sector. Además, los fondos indexados tienen tasas de comisión y gestión más bajas que los fondos activos.

Invertir en fondos indexados a través de un plan de pensiones tiene varias ventajas. En primer lugar, los inversores pueden obtener una exposición diversificada a los mercados financieros con un costo más bajo que si invirtieran en fondos activos. En segundo lugar, los planes de pensiones suelen ofrecer beneficios fiscales que pueden ayudar a los inversores a maximizar su ahorro a largo plazo. Por último, los planes de pensiones pueden proporcionar una forma de ahorrar sistemáticamente para la jubilación a través de las deducciones automáticas de nómina.

Ejemplos de fondos indexados en un plan de pensiones

Hay varios fondos indexados que pueden ser adecuados para incluir en un plan de pensiones. Uno de ellos es el Fondo Vanguard 500 Index Fund, que sigue el índice S&P 500. El fondo invierte en las 500 compañías más grandes de Estados Unidos y tiene una tasa de comisión muy baja. Otro fondo indexado popular es el Fondo Vanguard Total Stock Market Index Fund, que invierte en todas las compañías de la bolsa de Estados Unidos y tiene una tasa de comisión muy baja.

Los inversores también pueden considerar el Fondo Vanguard Total Bond Market Index Fund, que sigue el índice Bloomberg Barclays U.S. Aggregate Bond Index. El fondo invierte en una amplia gama de bonos gubernamentales y corporativos, lo que proporciona una exposición diversificada al mercado de bonos. Además, el fondo tiene una tasa de comisión muy baja.

Cómo elegir un plan de pensiones

Elegir un plan de pensiones adecuado es importante para maximizar el crecimiento de tu inversión a largo plazo. Al seleccionar un plan de pensiones, es importante considerar la tasa de comisión y gestión, las opciones de inversión y los beneficios fiscales disponibles.

En primer lugar, es importante elegir un plan de pensiones con una tasa de comisión y gestión baja. Las tasas de comisión y gestión pueden reducir significativamente el rendimiento de un plan de pensiones a largo plazo.

Al elegir un plan de pensiones, es importante considerar las tarifas anuales y los gastos de transacción.

En segundo lugar, es importante seleccionar un plan de pensiones con opciones de inversión diversificadas. Los inversores deben buscar planes que ofrezcan fondos indexados que sigan índices amplios y diversificados. Esto proporciona una forma pasiva de invertir en los mercados financieros con una exposición diversificada y un costo más bajo que los fondos activos.

Por último, es importante considerar los beneficios fiscales disponibles al elegir un plan de pensiones. En muchos países, los planes de pensiones ofrecen beneficios fiscales, como deducciones fiscales para las contribuciones y diferimiento de impuestos sobre las ganancias. Estos beneficios pueden ayudar a maximizar el crecimiento de la inversión a largo plazo.

Conclusión

Invertir en fondos indexados a través de un plan de pensiones es una excelente opción para los inversores que buscan una forma pasiva de invertir en los mercados financieros con un costo más bajo. Los planes de pensiones ofrecen beneficios fiscales y una forma sistemática de ahorrar para la jubilación. Al seleccionar un plan de pensiones, es importante considerar la tasa de comisión y gestión, las opciones de inversión y los beneficios fiscales disponibles. Al invertir en fondos indexados a través de un plan de pensiones, los inversores pueden maximizar su crecimiento a largo plazo y asegurar su futuro financiero.

Cómo utilizar los fondos indexados en tu estrategia de jubilación

Los fondos indexados son una excelente opción para aquellos que buscan una forma de invertir en los mercados financieros de manera pasiva y con un costo más bajo. En este capítulo, exploraremos cómo utilizar los fondos indexados en tu estrategia de jubilación.

Comience temprano

Una de las claves para el éxito en la inversión a largo plazo es comenzar temprano. Cuanto antes comiences a invertir en tu plan de jubilación, más tiempo tendrás para que tus inversiones crezcan. Si has estado trabajando durante varios años y aún no has comenzado a invertir en tu plan de jubilación, no te preocupes. Aún puedes comenzar hoy mismo.

Contribuya regularmente

Otra clave para el éxito en la inversión a largo plazo es contribuir regularmente a tu plan de jubilación. Ya sea que tu empleador ofrezca un plan 401(k) o que utilices un plan de jubilación individual (IRA), es importante contribuir regularmente. Contribuir una cantidad fija cada mes o cada quincena es una excelente manera de asegurarte de que estás ahorrando lo suficiente para la jubilación.

Utiliza una asignación de activos adecuada

Es importante utilizar una asignación de activos adecuada al invertir en fondos indexados para la jubilación. La asignación de activos se refiere a la distribución de tus inversiones entre diferentes tipos de activos, como acciones, bonos y efectivo.

La asignación de activos adecuada dependerá de tus objetivos financieros, tu tolerancia al riesgo y tu horizonte temporal.

Por ejemplo, si eres joven y tienes muchos años hasta la jubilación, es posible que desees una asignación de activos más agresiva que incluya una mayor proporción de acciones. Si estás cerca de la jubilación o si tienes una tolerancia al riesgo más baja, es posible que desees una asignación de activos más conservadora que incluya una mayor proporción de bonos.

Revisa tu plan de inversión periódicamente

Es importante revisar tu plan de inversión periódicamente para asegurarte de que estás en el camino correcto para alcanzar tus objetivos financieros. Puedes hacer esto revisando tu asignación de activos y ajustándola según sea necesario.

Por ejemplo, si las acciones han tenido un buen desempeño recientemente y tu asignación de activos ha aumentado, es posible que desees vender algunas de tus acciones y reinvertir en bonos para mantener tu asignación de activos adecuada. De manera similar, si las acciones han tenido un mal desempeño y tu asignación de activos ha disminuido, es posible que desees vender algunas de tus bonos y reinvertir en acciones para mantener tu asignación de activos adecuada.

Considera una estrategia de reinversión de dividendos

Muchos fondos indexados pagan dividendos a los inversores. Una estrategia popular es reinvertir estos dividendos en el fondo para aprovechar el interés compuesto.

Por ejemplo, si tienes una inversión de $10,000 en un fondo indexado que paga un dividendo anual del 2%, recibirías $200 en dividendos cada año. Si reinviertes estos dividendos en el fondo, tu inversión crecerá más rápidamente gracias al interés compuesto. A largo plazo, esta estrategia puede ayudarte a aumentar significativamente tu riqueza.

No te dejes llevar por las emociones

Es importante no dejarse llevar por las emociones al invertir en fondos indexados para la jubilación. Los mercados financieros pueden ser volátiles y pueden experimentar fluctuaciones significativas en el corto plazo. Es importante recordar que la inversión a largo plazo implica altibajos y que las fluctuaciones en el corto plazo no son necesariamente indicativas del rendimiento futuro.

En lugar de dejarte llevar por las emociones y vender tus inversiones durante un período de volatilidad del mercado, es importante mantener una perspectiva a largo plazo y seguir invirtiendo regularmente. Al invertir en fondos indexados, estás invirtiendo en una amplia gama de empresas, lo que ayuda a mitigar el riesgo y la volatilidad.

Utiliza una cartera diversificada

La diversificación es una de las claves para reducir el riesgo al invertir en fondos indexados para la jubilación. Al diversificar tu cartera, estás invirtiendo en una amplia gama de empresas y sectores, lo que ayuda a mitigar el riesgo.

Una forma de diversificar tu cartera es invertir en varios fondos indexados que se centren en diferentes tipos de activos, como acciones, bonos y efectivo.

También puedes diversificar tu cartera invirtiendo en fondos indexados que se centren en diferentes sectores, como tecnología, energía y salud.

Ten en cuenta las comisiones

Es importante tener en cuenta las comisiones al invertir en fondos indexados para la jubilación.

Aunque los fondos indexados tienden a tener comisiones más bajas que los fondos de gestión activa, todavía hay costos asociados con la inversión.

Por ejemplo, algunos fondos indexados tienen comisiones de gastos ratio (TER) más altas que otros. El TER es el costo total de administrar un fondo, incluidas las comisiones de gestión y los costos de transacción. Es importante comparar las comisiones de varios fondos indexados y elegir uno con comisiones bajas para maximizar tus ganancias a largo plazo.

Ejemplo práctico

Imaginemos que tienes 30 años y estás planeando tu jubilación. Has decidido utilizar fondos indexados como parte de tu estrategia de inversión. Decides contribuir $500 al mes a tu plan de jubilación y utilizas una asignación de activos del 80% en acciones y el 20% en bonos.

Después de revisar tus opciones, decides invertir en dos fondos indexados. El primer fondo es un fondo indexado de acciones que sigue el índice S&P 500 y tiene una comisión de gastos ratio del 0.04%. El segundo fondo es un fondo indexado de bonos que sigue el índice Bloomberg Barclays U.S. Aggregate Bond Index y tiene una comisión de gastos ratio del 0.05%.

Durante los primeros 10 años, los mercados financieros experimentan altibajos y tu cartera pierde valor en varias ocasiones. Sin embargo, debido a tu asignación de activos adecuada y a tu estrategia a largo plazo, tu cartera se recupera y comienza a crecer a medida que los mercados financieros se estabilizan.

Después de 35 años de inversión, has contribuido un total de $210,000 a tu plan de jubilación y tu cartera ha crecido a $1,000,000. Debido a la asignación adecuada de activos y la diversificación de tu cartera, has logrado reducir el riesgo y aumentar tus ganancias a largo plazo. Ahora puedes disfrutar de una jubilación cómoda y segura gracias a tu estrategia de inversión inteligente.

Conclusión

Invertir en fondos indexados es una excelente forma de construir riqueza a largo plazo y prepararse para la jubilación. Al invertir en fondos indexados, puedes aprovechar el poder de la diversificación y reducir el riesgo al invertir en una amplia gama de empresas y sectores.

Para utilizar los fondos indexados en tu estrategia de jubilación, es importante tener en cuenta tus objetivos a largo plazo, tu tolerancia al riesgo y tu horizonte de inversión. También debes seleccionar cuidadosamente los fondos indexados y asegurarte de diversificar tu cartera para reducir el riesgo y maximizar tus ganancias a largo plazo.

Al seguir estos consejos y estrategias, puedes construir una cartera de fondos indexados sólida y prepararte para disfrutar de una jubilación cómoda y segura. Recuerda siempre mantenerte enfocado en tus objetivos a largo plazo y no dejarte llevar por las emociones al invertir. Con una estrategia de inversión inteligente y disciplina a largo plazo, puedes lograr tus metas financieras y disfrutar de una vida cómoda y segura después de la jubilación.

Cómo declarar fiscalmente tus inversiones en fondos indexados

En este capítulo, hablaremos sobre cómo declarar fiscalmente tus inversiones en fondos indexados. Es un tema importante, ya que cumplir con tus obligaciones fiscales te permitirá invertir de manera responsable y proteger tus ganancias a largo plazo.

En primer lugar, es importante tener en cuenta que la fiscalidad de los fondos indexados varía según el país en el que te encuentres. Por lo tanto, es importante que consultes con un asesor fiscal de confianza para obtener información detallada sobre las leyes fiscales de tu país.

Dicho esto, hay algunas pautas generales que se aplican a la mayoría de los países cuando se trata de declarar fiscalmente tus inversiones en fondos indexados.

El primer paso es determinar el tipo de fondo indexado en el que has invertido. Los fondos indexados se dividen en dos categorías principales: fondos indexados de renta fija y fondos indexados de renta variable.

Los fondos indexados de renta fija invierten en bonos y otros valores de deuda. En términos fiscales, estos fondos se gravan como ingresos por intereses. Los intereses que recibes de los bonos se suman a tus ingresos totales para el año y se gravan a la tasa impositiva correspondiente.

Por otro lado, los fondos indexados de renta variable invierten en acciones de empresas. Estos fondos se gravan como ganancias de capital. Si vendes tus acciones con ganancias, debes pagar impuestos sobre esas ganancias. Si vendes con pérdidas, puedes compensar esas pérdidas con otras ganancias de capital o con una cantidad limitada de ingresos ordinarios.

El siguiente paso es conocer el plazo que mantendrás tus inversiones en el fondo indexado. Si mantienes tus inversiones durante más de un año, se considera una inversión a largo plazo. Si vendes tus inversiones después de un año, las ganancias se gravan a una tasa de impuestos más baja que las ganancias a corto plazo.

Es importante tener en cuenta que, en algunos países, los dividendos que recibes de los fondos indexados también pueden estar sujetos a impuestos. Si recibes dividendos, debes informarlos en tu declaración de impuestos y pagar los impuestos correspondientes.

Otra consideración importante al declarar fiscalmente tus inversiones en fondos indexados es la reinversión de dividendos. Algunos fondos indexados te permiten reinvertir automáticamente los dividendos que recibes. Si optas por esta opción, es importante recordar que los dividendos reinvertidos siguen siendo sujetos a impuestos.

Por último, es importante recordar que hay ciertos límites en cuanto a las pérdidas fiscales que puedes compensar. En algunos países, como los Estados Unidos, puedes compensar tus pérdidas fiscales con tus ganancias de capital en el mismo año, y las pérdidas restantes se pueden trasladar a años futuros. Sin embargo, hay límites en cuanto a la cantidad de pérdidas fiscales que puedes compensar en un año determinado.

En resumen, declarar fiscalmente tus inversiones en fondos indexados es importante para proteger tus ganancias a largo plazo y cumplir con tus obligaciones fiscales. Asegúrate de conocer el tipo de fondo indexado en el que has invertido, el plazo que mantendrás tus inversiones, si los dividendos están sujetos a impuestos y los límites en cuanto a las pérdidas fiscales que puedes compensar.

Es importante recordar que la declaración fiscal de tus inversiones en fondos indexados puede ser un proceso complicado y puede ser útil trabajar con un asesor fiscal de confianza para asegurarte de que cumplas con todas tus obligaciones fiscales y aproveches todas las oportunidades fiscales disponibles.

Además, es importante tener en cuenta que la fiscalidad de los fondos indexados puede cambiar con el tiempo, por lo que es importante mantenerse actualizado con los cambios en las leyes fiscales de tu país y ajustar tu estrategia de inversión en consecuencia.

En conclusión, declarar fiscalmente tus inversiones en fondos indexados es crucial para proteger tus ganancias a largo plazo y cumplir con tus obligaciones fiscales. Asegúrate de conocer las leyes fiscales de tu país, trabajar con un asesor fiscal de confianza y mantenerse actualizado sobre los cambios en las leyes fiscales. Al hacerlo, podrás invertir con confianza y aprovechar al máximo los beneficios de los fondos indexados.

Si has invertido en España

Si has estado invirtiendo en fondos indexados en España, es importante que sepas cómo declarar tus inversiones fiscalmente. Esto es especialmente importante si deseas mantener todo en regla y evitar problemas con Hacienda. En este capítulo, te explicaré los pasos necesarios para declarar tus inversiones en fondos indexados y te proporcionaré ejemplos claros para ayudarte a entender mejor el proceso.

¿Qué es una declaración fiscal?

Antes de entrar en detalles sobre cómo declarar tus inversiones en fondos indexados en España, es importante que comprendas qué es una declaración fiscal. Una declaración fiscal es una declaración que presentas a Hacienda en la que informas sobre tus ingresos y tus inversiones. En España, es obligatorio presentar una declaración fiscal cada año si ganas más de cierta cantidad de dinero.

¿Cómo declarar tus inversiones en fondos indexados?

Ahora que sabes qué es una declaración fiscal, es hora de entender cómo declarar tus inversiones en fondos indexados. Para hacerlo, debes seguir los siguientes pasos:

Paso 1: Identifica tus inversiones en fondos indexados

Lo primero que debes hacer es identificar todas las inversiones que tienes en fondos indexados. Para hacerlo, revisa tu cartera de inversiones y busca aquellos fondos que tengan como objetivo replicar el comportamiento de un índice bursátil.

Paso 2: Determina tus ganancias o pérdidas

Una vez que hayas identificado tus inversiones en fondos indexados, es hora de determinar tus ganancias o pérdidas. Para hacerlo, debes restar el precio de compra del precio de venta. Si el resultado es positivo, significa que has obtenido una ganancia. Si el resultado es negativo, significa que has sufrido una pérdida.

Paso 3: Calcula tus impuestos

Una vez que hayas determinado tus ganancias o pérdidas, es hora de calcular tus impuestos. En España, el impuesto sobre la renta se calcula de manera progresiva, lo que significa que cuanto más ganes, más impuestos pagarás. La tasa máxima de impuestos es del 45%.

Para calcular tus impuestos, debes multiplicar tus ganancias por la tasa impositiva correspondiente. Si has sufrido pérdidas, no tendrás que pagar impuestos, pero podrás utilizar las pérdidas para compensar futuras ganancias.

Paso 4: Completa tu declaración fiscal

Finalmente, es hora de completar tu declaración fiscal. Para hacerlo, debes incluir todas tus ganancias y pérdidas en la sección correspondiente de tu declaración. También debes incluir información sobre cualquier otro ingreso que hayas recibido durante el año.

Ejemplos claros

Para ayudarte a entender mejor cómo declarar tus inversiones en fondos indexados en España, te proporcionaré algunos ejemplos claros:

Ejemplo 1: Juan ha invertido 10.000 euros en un fondo indexado que ha vendido por 12.000 euros. Sus ganancias son de 2.000 euros. Como su tasa impositiva es del 25%, tendrá que pagar 500 euros en impuestos.

Ejemplo 2: María ha invertido 5.000 euros en un fondo indexado que ha vendido por 4.000 euros. En este caso, ha sufrido una pérdida de 1.000 euros. Como no ha obtenido ganancias, no tendrá que pagar impuestos.

Ejemplo 3: Carlos ha invertido en varios fondos indexados durante el año y ha obtenido ganancias por un total de 15.000 euros. Su tasa impositiva corresponde al 30%. Por lo tanto, deberá pagar 4.500 euros en impuestos.

Ejemplo 4: Ana ha invertido en un fondo indexado y ha obtenido una ganancia de 1.000 euros. También ha invertido en un fondo de renta fija y ha obtenido una ganancia de 500 euros. Su tasa impositiva es del 20%. Por lo tanto, deberá pagar 300 euros en impuestos por sus ganancias en los fondos indexados y 100 euros por sus ganancias en el fondo de renta fija.

Conclusiones

En resumen, declarar tus inversiones en fondos indexados en España no es difícil, pero es importante hacerlo correctamente para evitar problemas con Hacienda. Recuerda identificar tus inversiones en fondos indexados, determinar tus ganancias o pérdidas, calcular tus impuestos y completar tu declaración fiscal. Si tienes dudas sobre cómo declarar tus inversiones en fondos indexados, te recomendamos que consultes a un asesor fiscal o un contador. Con este conocimiento y cuidado, podrás seguir invirtiendo en fondos indexados con éxito y sin preocupaciones fiscales.

Donde encontrar información y recursos útiles sobre fondos indexados

Si has llegado hasta aquí, es porque ya conoces los beneficios de los fondos indexados y estás interesado en invertir en ellos. Pero, ¿dónde encontrar la información necesaria para tomar decisiones informadas y los recursos para llevar a cabo tus inversiones?

En este capítulo, te proporcionaremos algunas opciones confiables y seguras para que puedas encontrar todo lo que necesitas saber sobre fondos indexados y comenzar a invertir con éxito.

Los propios proveedores de fondos indexados

Una de las fuentes más confiables y accesibles de información sobre fondos indexados son los propios proveedores de estos fondos. Estos proveedores, como ==Vanguard, BlackRock, Fidelity y Schwab==, tienen una gran cantidad de información en sus sitios web sobre sus propios fondos indexados, cómo funcionan y cómo se comparan con otros fondos.

Además, muchos de estos proveedores ofrecen herramientas útiles para ayudarte a elegir los fondos adecuados para tus necesidades, como calculadoras de costos, herramientas de comparación y análisis de cartera.

Sitios web especializados en fondos indexados

Existen sitios web especializados en fondos indexados que proporcionan una gran cantidad de información y recursos útiles para los inversores. Algunos ejemplos incluyen:

Morningstar: un sitio web que ofrece análisis, calificaciones y comparaciones de fondos y ETFs, así como herramientas de cartera y una amplia variedad de contenido educativo.

ETFdb: un sitio web que proporciona información y herramientas sobre ETFs, incluyendo análisis de rendimiento, clasificaciones y comparaciones.

Index Fund Advisors: un sitio web que ofrece servicios de asesoramiento e información sobre fondos indexados y cómo construir carteras de inversión eficientes.

Brokers en línea

Si deseas invertir directamente en fondos indexados, necesitarás abrir una cuenta con un broker en línea. Algunos de los brokers más confiables y seguros a nivel mundial incluyen:

Vanguard: este proveedor de fondos indexados también ofrece una plataforma de inversión en línea que te permite comprar y vender sus propios fondos, así como ETFs y otros productos de inversión.

Fidelity: un broker en línea que ofrece una amplia variedad de fondos indexados y ETFs, así como herramientas de investigación y análisis de cartera.

Schwab: un broker en línea que ofrece una amplia variedad de fondos indexados y ETFs, así como herramientas de investigación y análisis de cartera.

Es importante tener en cuenta que, al elegir un broker en línea, debes asegurarte de que sea confiable y seguro. Busca brokers que estén regulados por agencias gubernamentales y que tengan un historial comprobado de seguridad y protección de los activos de sus clientes.

Grupos y comunidades de inversores

Finalmente, los grupos y comunidades de inversores pueden ser una gran fuente de información y recursos útiles sobre fondos indexados. Estos grupos pueden incluir foros en línea, grupos de discusión en redes sociales y grupos de inversores locales.

Al unirte a un grupo de inversores, puedes obtener información y consejos de otros inversores que ya han invertido en fondos indexados y tienen experiencia en el mercado. Además, muchos grupos de inversores también ofrecen contenido educativo y eventos en vivo que pueden ayudarte a aprender más sobre la inversión en fondos indexados y conectarte con otros inversores.

En conclusión, hay muchas opciones confiables y seguras para encontrar información y recursos útiles sobre fondos indexados.

Desde los propios proveedores de fondos indexados hasta sitios web especializados, brokers en línea y grupos de inversores, tienes acceso a una amplia variedad de recursos para ayudarte a tomar decisiones informadas y comenzar a invertir en fondos indexados con éxito. Recuerda hacer tu investigación, elegir cuidadosamente los brokers y grupos de inversores con los que te involucras, y seguir aprendiendo a medida que avanzas en tu viaje de inversión en fondos indexados. Con la información correcta y la dedicación, puedes alcanzar tus objetivos financieros y aprovechar al máximo los beneficios de la inversión en fondos indexados.

Ejemplo de inversión en Vanguard

Para empezar, necesitarás crear una cuenta en Vanguard. Vanguard es una de las principales empresas de inversión del mundo y ofrece una amplia gama de opciones de inversión, incluyendo fondos indexados que siguen el rendimiento del S&P 500.

Puedes crear una cuenta en Vanguard fácilmente en línea. Solo necesitas ingresar tu información personal, como tu nombre, dirección y número de seguridad social. Vanguard también te pedirá que elijas un fondo en el que invertir.

Para invertir en el S&P 500, te recomiendo el fondo Vanguard 500 Index Fund. Este fondo indexado sigue el rendimiento del S&P 500 y tiene una tasa de gastos muy baja, lo que significa que no pagarás muchas comisiones.

Una vez que hayas creado tu cuenta y elegido el fondo en el que invertir, es hora de hacer tu primera inversión. Si tienes 1000 euros para invertir, puedes comprar una cantidad de acciones del fondo que se adapte a tu presupuesto. Recuerda que la diversificación es clave, por lo que te recomiendo no invertir todo en un solo fondo. Vanguard ofrece una amplia gama de opciones de inversión, por lo que puedes considerar diversificar tu cartera invirtiendo en otros fondos.

Para facilitar tu inversión, puedes programar una transferencia automática desde tu cuenta bancaria a tu cuenta de Vanguard cada mes. Por ejemplo, si te comprometes a invertir 100 euros de forma automática cada mes, puedes establecer una transferencia mensual de 100 euros desde tu cuenta bancaria a tu cuenta de Vanguard.

Esta es una forma fácil y efectiva de garantizar que estás haciendo crecer tu dinero de forma constante y disciplinada.

En resumen, invertir en el S&P 500 a través de una cuenta en Vanguard es una forma emocionante y gratificante de hacer crecer tu dinero a largo plazo. Con una inversión inicial de 1000 euros y una transferencia automática mensual de 100 euros, puedes estar en camino de crear una cartera de inversión diversificada y exitosa. Así que adelante, ¡crea tu cuenta de Vanguard hoy mismo y comienza a invertir en tu futuro financiero!

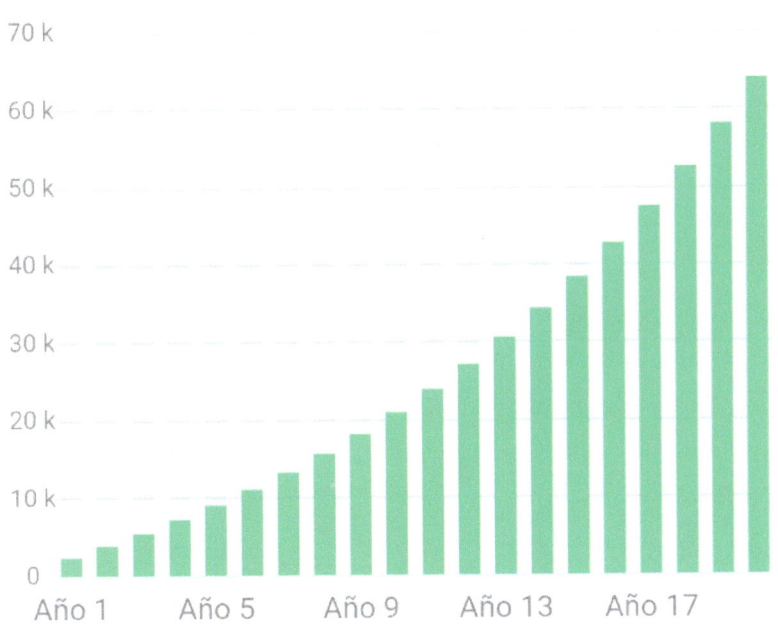

Conclusiones y recomendaciones para invertir con éxito en fondos indexados

Después de haber recorrido todos los aspectos fundamentales de los fondos indexados, podemos concluir que invertir en un fondo indexado es una de las mejores formas de obtener ganancias a largo plazo. Los fondos indexados ofrecen una diversificación de riesgos, lo que significa que el riesgo se reduce de manera significativa. Además, los fondos indexados tienen una tasa de gastos muy baja y una gestión pasiva, lo que significa que no tienes que preocuparte por la gestión activa y los altos costos de gestión que conlleva. Todo esto se traduce en una mayor rentabilidad para el inversor.

Por tanto, la recomendación es clara: si quieres invertir con éxito en el mercado de valores, invierte en fondos indexados. Pero, ¿cómo podemos sacar el máximo provecho de esta inversión? A continuación, se presentan algunas recomendaciones clave para invertir en fondos indexados con éxito:

Define tus objetivos de inversión: Antes de invertir en un fondo indexado, es importante tener claro cuáles son tus objetivos de inversión a largo plazo. Establece un plan de inversión y un horizonte temporal para la inversión.

Elige un fondo indexado adecuado: Al elegir un fondo indexado, asegúrate de que esté en línea con tus objetivos de inversión y que su estrategia de inversión se adapte a tus necesidades. Hay diferentes tipos de fondos indexados, desde fondos de renta variable hasta fondos de renta fija.

Considera los costos: Los fondos indexados tienen tasas de gastos muy bajas en comparación con los fondos mutuos tradicionales, pero aún así, es importante considerar los costos. Asegúrate de conocer los costos asociados con el fondo y cómo afectan la rentabilidad.

Mantén una estrategia de inversión a largo plazo: Los fondos indexados son una inversión a largo plazo y debes mantener una estrategia a largo plazo para obtener los mejores resultados. No te preocupes por las fluctuaciones del mercado a corto plazo y mantén la inversión a largo plazo.

Diversifica tu inversión: Asegúrate de diversificar tu inversión en diferentes fondos indexados y clases de activos para reducir el riesgo y maximizar la rentabilidad.

Haz un seguimiento de tus inversiones: Realiza un seguimiento regular de tus inversiones para asegurarte de que están en línea con tus objetivos de inversión a largo plazo. Ajusta tu cartera de inversiones si es necesario para asegurarte de que estás obteniendo los mejores resultados.

Veamos un ejemplo:

Supongamos que abrimos una cuenta de inversión en un fondo indexado con un aporte inicial de 1000 euros, seguido de aportes mensuales de 100 euros. Si consideramos una tasa de rendimiento anual del 8%, los resultados a 30 y 40 años serían los siguientes:

A 30 años:

Inversión inicial: 1000 euros

Aportes mensuales: 100 euros

Tasa de rendimiento anual: 8%

Monto total invertido: 37.000 euros

Valor futuro de la inversión: 156.877,70 euros

A 40 años:

Inversión inicial: 1000 euros

Aportes mensuales: 100 euros

Tasa de rendimiento anual: 8%

Monto total invertido: 49.000 euros

Valor futuro de la inversión: 357.461,77 euros

Estos resultados demuestran claramente el potencial de las inversiones a largo plazo en fondos indexados. Aunque los aportes mensuales son relativamente modestos, el valor futuro de la inversión aumenta significativamente gracias a la tasa de rendimiento anual y al efecto del interés compuesto.

En conclusión, invertir en un fondo indexado es una de las mejores formas de obtener ganancias a largo plazo. Los fondos indexados ofrecen una diversificación de riesgos, una gestión pasiva y tasas de gastos muy bajas, lo que se traduce en una mayor rentabilidad para el inversor. Al seguir las recomendaciones clave, como definir objetivos de inversión, elegir fondos indexados adecuados, considerar los costos, mantener una estrategia de inversión a largo plazo, diversificar la inversión y hacer un seguimiento regular de la inversión, los inversores pueden maximizar el potencial de sus inversiones en fondos indexados.

Tabla de interés compuesto al 8%. Con una aportación inicial de 1000€ y 100€ todos los meses

Año 1	2376,00€
Año 2	3862,08€
Año 3	5467,05€
Año 4	7200,41€
Año 5	9072,44€
Año 6	11.094,24€
Año 7	13.277,78€
Año 8	15.636,00€
Año 9	18.182,88€
Año 10	20.933,51€

Año 11	23.904,19€
Año 12	27.112,53€
Año 13	30.577,53€
Año 14	34.319,73€
Año 15	38.361,31€
Año 16	42.726,21€
Año 17	47.440,31€
Año 18	52.531,54€
Año 19	58.030,06€
Año 20	63.968,46€

Año 21	70.381,94€
Año 22	77.308,50€

Año 23	84.789,17€
Año 24	92.868,31€
Año 25	101.593,77€
Año 26	111.017,28€
Año 27	121.194,66€
Año 28	132.186,23€
Año 29	144.057,13€
Año 30	156.877,70€
Año 31	170.723,91€
Año 32	185.677,83€
Año 33	201.828,05€
Año 34	219.270,30€
Año 35	238.107,92€
Año 36	258.452,56€

Año 37	280.424,76€
Año 38	304.154,74€
Año 39	329.783,12€
Año 40	357.461,77€

ACERCA DEL AUTOR

Hola soy Felix lopez nacido en 1975 en Sevilla.Soy un apasionado de las finanzas.Este es mi segundo libro y la idea de escribirlo, fue porque el primero fue "La mente detras de la riqueza" y esta dedicado en su totalidad a las criptomonedas .

Hay gente que no entiende o no quiere las criptomonedas ya que son muy volatiles y no es para perfiles austeros.Por eso me decidi a escribir este libro. Lo considero "para todos los publicos" ya que son finanzas tradicionales.No todo el mundo sabe que son los fondos indexados y como pueden cambiar la economia familiar si se sabe como hacerlo.

Tengo mi blog en el que diariamente escribo:
https://ganarcryptook.blogspot.com

www.ingramcontent.com/pod-product-compliance
Lightning Source LLC
Chambersburg PA
CBHW040400220526
45473CB00028B/126